Género Fantasía

I0799113

Pregunta esencial
¿Qué te enseñan los cuentos?

Los consejos del pato

Sebastián Olaso
ilustrado por Felipe López Salán

Capítulo 1
¡Ni siquiera hace frío!

Era una tibia mañana de octubre. La granjera estaba en su huerta.

—Esta tarde lloverá —dijo el pato.

—¿Cómo lo sabes? No veo nubes en el cielo —dijo la granjera mientras arrancaba la maleza.

—El sol me ha invitado a desayunar esta mañana, así que tuve que volar muy alto. ¡Hay tantas nubes en el cielo!

El viento empujó las nubes suavemente. Llegó la tarde y llegó la tormenta. La granjera, su esposo y el pato tomaban el té.

El granjero escuchaba con agrado el ruido de los truenos.

—Iré al establo a buscar mi violín. La tormenta me inspira —dijo.

—¿Podrás llegar al establo con tanta lluvia? —preguntó la granjera.

—Claro que podré. ¿Verdad, amigo pato?

—Al establo llegarás, pero la nieve no te dejará regresar —dijo el pato.

—¡Pero si no está nevando! ¡Ni siquiera hace frío! —exclamó la granjera.

—Habrá frío y oscuridad cuando su esposo llegue al establo. Nevará durante más de diez minutos y menos de treinta años.

—Eres un pato bromista —dijo el granjero y salió corriendo bajo la lluvia.

El granjero llegó al establo y ¡zas! Viento, frío, oscuridad, nieve. Veinte minutos después, la tormenta terminó de repente.

—Me has asustado, amigo pato —dijo el granjero cuando regresó a la casa con su violín—. Por un momento creí que pasaría treinta años en el establo y que no podría regresar a mi hogar. ¡Vaya si eres exagerado!

—He acertado en mi pronóstico —dijo el pato serio.

Y era verdad: había nevado durante más de diez minutos y menos de treinta años.

Capítulo 2

¡Perderemos todo!

Una noche, los granjeros y el pato miraban la televisión. La granjera descubrió que no veía bien. Dijo que iría al oculista para que le recetara un nuevo par de anteojos.

—Vaya mañana mismo —dijo el pato—. Esta semana habrá buen clima.

—Acaban de anunciar que habrá tormenta —dijo la granjera señalando el televisor—. Veo mal pero escucho bien.

—La luna me ha invitado a cenar esta noche, así que recorrí el cielo de punta a punta. ¡Tendremos unos días magníficos! —exclamó el pato.

—Nuestro amigo sabe más que nosotros —dijo el granjero—. Pensaba colocar toldos en la huerta para proteger los cultivos de la lluvia. Pero ya ves, querida esposa, no será necesario.

A la mañana siguiente, la granjera se despertó con dolor de muelas.

—Hoy no me siento bien. Otro día iré al oculista —dijo.

A las dos en punto de la tarde, ¡zas! Relámpagos, lluvia y más lluvia. Tras mucho trabajo y mucha agua, los granjeros colocaron los toldos para proteger la huerta.

—¡Perderemos todo! —exclamó la granjera.

—¡Por culpa del pato! —se quejó el granjero.

—Su esposa no fue al oculista como yo le dije. Por eso llueve —se defendió el pato.

—¿Por qué me echas la culpa a mí? ¡Llueve porque llueve, con oculista o sin oculista! Veo mal pero pienso bien.

Detective del lenguaje	¿Qué oración interrogativa hay en esta página? ¿Cómo la reconoces?

Una semana después, los granjeros regresaron a la huerta. Se había arruinado todo el sector de los zapallos y de las zanahorias. Por fortuna, los tomates estaban en perfecto estado.

—Ahora sí iré al oculista —dijo la granjera.

—Quédese aquí. Debe vender los tomates —le ordenó el pato—. Tengo una noticia para darle: vendrán tres personas y le comprarán toda la cosecha.

Los granjeros se alegraron mucho con la novedad.

A la noche, cansados de esperar, los granjeros guardaron los tomates en la despensa.

—¡No ha venido un solo comprador! —se quejó el granjero.

El pato se había equivocado, pero era un buen amigo.

—Han venido, pero ustedes no los han visto —dijo el pato con dignidad.

El pato era un buen amigo, pero también era un poco testarudo.

—¡No han venido! —exclamó la granjera—. Veo mal, pero veo muy bien.

Después de un silencio, los tres lanzaron una carcajada.

La granjera era testaruda, pero se había equivocado.

Capítulo 3

¡Granjeros desconfiados!

—Mañana hará calor —dijo el pato.

—Entonces me pondré un suéter —dijo la granjera.

Y al día siguiente hizo tanto frío, que encendieron la estufa y bebieron chocolate.

—¡Se ha equivocado el pato! —exclamó el granjero.

Y el pato se escondió debajo de la mesa.

—Esta tarde nevará —dijo el pato otro día.

—Entonces daremos un paseo a caballo bajo el sol —dijo el granjero.

Y disfrutaron mucho del paseo bajo el cielo más azul del mundo.

—¡Otra vez se equivocó el pato! —exclamó la granjera.

Y el pato se escondió en el primer agujero que encontró.

—En unos minutos nos visitarán las flores con su aroma —dijo el pato una noche.

—Entonces nos taparemos la nariz —dijeron los granjeros.

Y aunque tenían la nariz tapada, un exquisito perfume de jazmines, rosas y azahares entró por la ventana.

Detective del lenguaje

¿Qué clases de oraciones hay en esta página? ¿Cómo lo sabes?

—¡Granjeros desconfiados! —gritó el pato.

Los granjeros eran buenos, testarudos y un poco exagerados. A veces se equivocaban.

En realidad, el pato también. El sol nunca lo invitó a desayunar y la luna nunca lo invitó a cenar.

Los tres se abrazaron y el pato, como no tenía brazos, los abrazó con sus alas. Sabían que se querían mucho y decidieron hacer una fiesta.

—¡Tocaré mi violín! —exclamó el granjero entusiasmado.

—Almorzaremos cerca del arroyo —propuso la granjera.

—¡Debemos quedarnos bajo techo! —dijo el pato nervioso—. Dentro de poco habrá tormenta.

Los granjeros miraron al pato sin saber qué hacer.

El pato los miró asombrado.

Los tres se rieron mucho y decidieron festejar.

Respuesta a la lectura

Resumir

Resume el cuento. Usa el organizador gráfico para ayudarte.

Personaje	
Deseos o necesidades	Sentimientos
Acciones	Características

Evidencia en el texto

1. ¿Cómo sabes que *Los consejos del pato* es una fantasía? **Género**
2. Vuelve a leer la página 6. ¿Qué dice el granjero que te indica que confía en el pato? **Personaje**
3. ¿Qué palabra de la página 13 es un sinónimo de *aroma*? **Sinónimos**
4. Escribe acerca de por qué los granjeros son amigos del pato. **Escribir sobre la lectura**

Género Fábula

Compara los textos

Lee una fábula que cuenta una historia y tiene una enseñanza.

El león y el zorro

Había una vez un león muy viejo que no podía correr con rapidez. Sus dientes y sus garras no estaban muy afilados. Como no podía cazar animales, el viejo león pensó en un plan inteligente.

—Por favor, ayúdame —le dijo el león al conejo—. Estoy enfermo.

Pero cuando el conejo se acercó a ayudarlo, el león se lo comió.

Luego, el león llamó al ratón y a la gallina. Pero cuando se acercaron a ayudarlo, ¡se los comió!

Un día, un zorro viejo y astuto se acercó a la guarida del león.

—Escuché que estabas enfermo, león —dijo el zorro.

—No puedo escucharte, zorro —dijo el león—. Acércate.

El zorro era astuto. Vio huellas de animales que entraban en la guarida, pero no vio ninguna que saliera de allí.

—¡Buena jugada! Pero yo soy un embustero y ¡sé reconocer cuando alguien quiere tenderme una trampa!

Moraleja: debemos aprender de los errores de otros.

Haz conexiones

¿Qué enseñan los cuentos? Pregunta esencial

Compara la manera en que se aprenden las enseñanzas en cada una de las historias.

El texto y otros textos

Enfoque:

Género

Fábulas Las fábulas son historias que nos dejan una enseñanza sobre algo importante. En general, incluyen animales que hablan.

Lee y descubre En *El león y el zorro*, el león viejo engaña a muchos animales, pero el zorro astuto aprende de los errores de otros animales.

Tu turno

En parejas, piensen en una fábula que deje una enseñanza. Escriban un boceto que describa los personajes, el ambiente y la trama. Incluyan personajes de animales que hablan. Copien y completen la tabla para ayudarse a escribir el boceto.

Personaje	Ambiente	Trama